LUDWIG VAN

CONCERTO NO. 3

for Piano and Orchestra
C minor/c-Moll/Ut mineur
Op. 37
Cadenza by the composer
Edited by/Herausgegeben von
Wilhelm Altmann

Ernst Eulenburg Ltd
London · Mainz · Madrid · New York · Paris · Tokyo · Toronto · Zürich

BEETHOVEN, OP. 37
PIANO CONCERTO, N⁰ 3, C MINOR

The original manuscript (in the musical section of the Prussian State Library, Berlin) bears the year date of 1800, but sketches for this work are to be found earlier than this, even as far back as the year 1797. This Concerto, frequently altered and revised by Beethoven, especially with regard to the solo piano part*), must have been completed by December 15th 1800, for, on that day, Beethoven sent his two Concertos op. 15 and 19 to the Leipzig publisher Hoffmeister with the remark that he was keeping back the better works till he undertook another concert tour. Op. 37 must be amongst these "better works" though it is not mentioned in his letters. But on Nov. 23rd 1802 Beethoven's brother Karl asked the publisher Johann André, who was anxious to obtain some of the composer's works, the sum of 300 florins for "a grand Concerto for the Pianoforte." This price and the amount asked for the other compositions offered to him seemed however, to André, far too high.

The first performance with the composer at the piano did not occur until the 5th of April 1803 in Vienna. For the second time, the Concerto was played by Ferdinand Ries on July 19th or 26th, conducted by Beethoven himself. The work was published subsequently.

The title of the Concerto, which was published in parts in November 1854 runs as follows: — Grand Concerto pour le Pianoforte, 2 Violons, Alto, 2 Flûtes, 2 Hautbois, 2 Clarinetts, 2 Cors, 2 Trompettes, et Timballes, Violoncelle et Basse composé et dédié A Son Altesse Royale Monseigneur le Prince Louis Ferdinand de Prusse par Louis van Beethoven op. 37. A Vienne au Bureau d' Arts et d' Industrie (Edition No. 289).

The first publication of the score, not very clearly printed was issued by Ph. Fr. Dunst, but not until the year 1834. The firm of C. F. Peters followed up with an issue of the score in Leipzig in 1861, and Breitkopf & Härtel, in 1862 included it in the complete works of Beethoven. This Eulenburg edition of miniature scores presented the work once more in the year 1894, and is here reprinted with these introductory notes.

---

*) For the first performance this was not entirely written in. See Seyfried's statement in "Cäcilia" 9, 1833, page 219. When Beethoven apologised to the publisher Hoffmeister on April 22nd 1801 for not having yet forwarded the op. 19. he added : — "Perhaps the only touch of genius I possess lies in the fact that my compositions are not always in good order, though nobody can remedy that except myself. For instance, according to my general rule, the piano part of the Concerto was not inserted in the score, and I am filling it in now."

BEETHOVEN, OP. 37
KLAVIERKONZERT N⁰ 3, C MOLL

Die Originalhandschrift (im Besitz der Musikabteilung der Preußischen Staatsbibliothek in Berlin) trägt die Jahreszahl 1800, doch sind Skizzen dazu schon aus früherer Zeit, wohl schon aus dem Jahre 1797, erhalten. Dieses Konzert, an dem Beethoven sicherlich bis zu der Drucklegung besonders in der Solostimme*) noch gefeilt hat, muß am 15. Dezember 1800 schon fertig gewesen sein, da Beethoven an diesem Tage dem Leipziger Verleger Hoffmeister seine Konzerte Op. 15 und 19 nicht als seine besten bezeichnete, mit dem Zusatze, daß er die besseren für sich behalte, bis er eine Konzertreise wieder unternehme. Unter diesen besseren kann nur Op. 37 zu verstehen sein, über das in seinen erhaltenen Briefen sich gar nichts findet. Wohl aber fordert sein Bruder Karl am 23. November 1802 von dem Offenbacher Verleger Johann André, der Kompositionen Beethovens zu erwerben wünschte, für ein „großes Konzert für Klavier" 300 Gulden, doch André war auch der Preis der andern ihm angebotenen Kompositionen zu hoch.

Die Uraufführung mit dem Komponisten als Solisten erfolgte erst am 5. April 1803 in Wien. Zum zweiten Male wurde das Konzert am 19. oder 26. Juli 1804 von Ferdinand Ries öffentlich vorgetragen, wobei Beethoven dirigierte. Darnach erst wurde es in Verlag gegeben.

Der Titel der im November 1804 nur in Stimmen herausgekommenen Original-Ausgabe lautet: Grand Concerto pour le Pianoforte, 2 Violons, Alto, 2 Flûtes, 2 Hautbois, 2 Clarinettes, 2 Cors, 2 Bassons, 2 Trompettes et Timbales, Violoncelle et Basse composé et dédié A Son Altesse Royale Monseigneur le Prince Louis Ferdinand de Prusse par Louis van Beethoven op. 37. A Vienne au Bureau d'Arts et d'Industrie (Verlags-Nr. 289).

Die erste, nicht gerade schön gestochene Partitur-Ausgabe erschien erst Ende 1834 bei Ph. Fr. Dunst. Es folgten solche 1861 bei C. F. Peters in Leipzig und 1862 bei Breitkopf in Leipzig (innerhalb der Gesamtausgabe der Beethovenschen Werke). Diese kleine Eulenburgsche Partitur-Ausgabe, die mehrfach neu gedruckt ist, kam 1894 zuerst heraus.

---

*) Diese war auch bei der Erstaufführung noch nicht vollständig niedergeschrieben ; vgl. den Bericht Seyfrieds, der damals Beethoven umgeblättert hat, in der „Cäcilia" Jhrg. 9, 1833, S. 219. Als Beethoven am 22. April 1801 sich beim Verleger Hoffmeister darüber entschuldigt, daß er ihm Op. 19 noch nicht zugeschickt habe, schrieb er: „Dabei ist es vielleicht das einzige Geniemäßige, was an mir ist, daß meine Sachen sich nicht immer in der besten Ordnung befinden und doch niemand imstande ist, als ich selbst, da zu helfen. So z. B. war zu dem Konzert in der Partitur die Klavierstimme meiner Gewohnheit nach nicht geschrieben, und ich schrieb sie erst jetzt."

Revisionsbericht

Grundfalsch wäre es, für die Textrevision dieses Klavierkonzertes die von Beethoven selbst niedergeschriebene Partitur, die, wie schon erwähnt, in der Musikabteilung der preußischen Staatsbibliothek aufbewahrt wird, zugrundezulegen, da sie die Solostimme in einer oft nur angedeuteten Form enthält; sie kann nur gelegentlich zur Ergänzung und Kontrolle der ersten von Beethoven selbst im Stich durchgesehenen, in der Einführung schon erwähnten Erstausgabe herangezogen werden. Diese ist bereits sehr selten geworden; ich konnte das der Gesellschaft der Musikfreunde in Wien gehörende Exemplar benutzen. In dieser Originalausgabe sind die Stakkatopunkte und die Legato-Bogen keineswegs immer gleichmäßig gesetzt; auch sonst finden sich manche Unstimmigkeiten. Sie sämtlich hier anzuführen, erschien unnötig. Grundsätzlich habe ich die häufig über Triolen, Sextolen, Septolen usw. behufs Bezeichnung deren Zusammengehörigkeit gesetzten Bogen entfernt, wenn die vorhergehenden und nachfolgenden Noten nicht als gebunden zu spielen bezeichnet waren. Vergessene dynamische Zeichen usw. sind in eckigen Klammern hinzugefügt. Von der Anführung der bisherigen keineswegs zahlreichen Druckfehler dieser kleinen Partiturausgabe ist Abstand genommen worden. Wichtige Einzelheiten sind folgende:

Satz I (Allegro con brio).

Takt 31. Der Original-Druck hat wie die Original-Handschrift im 3. und

4. Viertel der II. Flöte ;

die späteren Ausgaben lassen die II. Flöte eine Oktave tiefer wie die erste spielen.

Takt 194. Wann die als Variante mitgeteilte Lesart zuerst mitgedruckt worden ist, konnte ich nicht feststellen.

Takt 225 und 226. Die in unserer Partitur stehende Lesart ist die von Beethoven als Variante angegebene; die ursprüngliche lautet:

Takt 290. Der Druck hat im 4. Viertel der II. Klarin. in B fälschlich

statt

Takt 330. Der Druck hat in dem 3. und 4. Viertel der Oboe fälschlich .

Takt 346. Der Druck hat im 3. Viertel der Solostimme rechte Hand fälschlich „es“ statt „e“.

Takt 370. Betreffs der Variante der Solostimme vgl. oben zu Takt 194.

Takt 384. Im Druck hat die I. V. fälschlich „as“.

Takt 401/2 zu der Variante vgl. oben bei Takt 194.

Takt 501. Der Akkord des 1. Viertels der linken Hand fehlt im Or.-Druck.

Takt 504. Die in unserer Partitur mitgeteilte Lesart ist die von Beethoven angegebene Variante des 3. und 4. Viertels sowie des 1. Viertels von Takt 505. Die ursprüngliche lautet in beiden Händen eine Oktave tiefer.

Satz II (Largo).

Takt 5. Die erste tiefste Note der linken Hand im Druck fälschlich „e" statt „cis".

Takt 36. Die in unserer Partitur mitgeteilte Lesart der beiden ersten Achtel ist die von Beethoven angegebene Variante. Die ursprüngl. Lesart lautet:

Takt 50/51. Die in unserer Partitur mitgeteilte Lesart ist Beethovens Variante im Druck; die ursprüngliche Lesart lautet:

Takt 70. Im Violoncell und Baß des Or.-Drucks das letzte Achtel fälschlich

Takt 77. Das 5. Sechzehntel lautet im Druck wie das 4. Die in unserer Partitur mitgeteilte Lesart ist die Variante des Drucks.

Satz III (Rondo. Allegro)

Takt 47. I. Trompete im Druck fälschlich [notes], richtig Takt 173.

Takt 86/90. Die in unserer Partitur abgedruckte Lesart der rechten Hand der Solostimme ist die Variante des Or.-Drucks; die urspüngliche Lesart lautet darin:

Takt 119/20. Es fehlen im Original-Druck der rechten Hand der Solostimme mehrmals die Auflösungszeichen.

Takt 122/4. Betr. der mitgeteilten Variante vgl. oben zu Satz I Takt 194.

Takt 152/3. Zu der mitgeteilten Variante der Kadenz vgl. oben Satz I Takt 194

Takt 189. Der Original-Druck hat fälschlich „d" statt „des".

Takt 222/9. Zu der mitgeteilten Variante
vgl. oben Satz I Takt 194.

Takt 342. Die 2. Note der Bratsche im
Original-Druck fälschlich „h" statt „a".

Takt 346/9. Die in unserer Partitur mitgeteilte Lesart ist die Variante des
Original-Drucks. Die ursprüngliche
Lesart hat Takt 346/8 eine Oktave
tiefer in der rechten Hand; Takt 349
lautet:

Takt 361. Die tiefste Baßnote des ersten
Akkords im Original-Druck fälschlich
„as" statt „a".

Takt 428. Der Original-Druck hat als vor-
letzte Note in beiden Händen fälschlich „cis" statt „c".

Takt 438/42. Die in unserer Partitur
mitgeteilte Lesart ist die Variante des
Original-Drucks. Dessen ursprüngliche
Lesart lautet:

Die beiden letzten Takte werden von der
linken Hand eine Oktave tiefer gespielt.
Beethovens Pedalbezeichnung (con

bzw. *senza sordino*) ist durch die
längst übliche ersetzt.

Wilhelm Altmann

CONCERTO No.3

I

L. van Beethoven, Op. 37
1770-1827

Allegro con brio

42

46

II

58

III

Rondo
Allegro

[Vgl. Rev.-Bericht]

[Vgl.Rev.-Bericht]

100

Volti per il Presto